FESTES

Sur les bords de la Marne a 12. lieues de Paris
Le trois d'Octobre et jours suivans
1678.

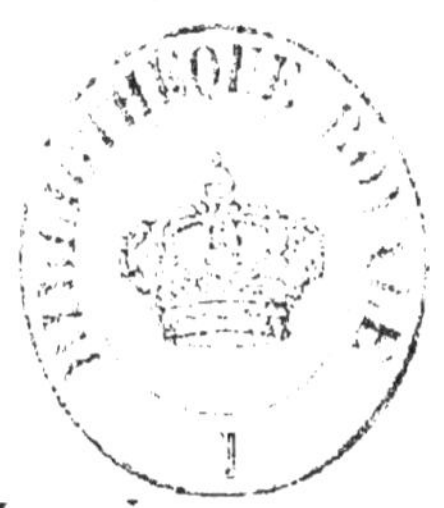

Je vous ay déja fait part
de plusieurs Festes, mais je
croy qu'il ne s'en est guére
fait de plus agreablement
diversifiée que celle dont
je vay vous entretenir. Elle

H ij

Mercure galant. 8bre 1678.

s’eſt donnée il y a peu de jours ſur les bords de la Marne à douze lieuës de Paris. Sa magnificence vous perſuadera aiſément qu’il n’y a eu que des Perſonnes de qualité qui s’en ſont meſlées.

Six ou ſept Bergers, & autant de Bergeres, s’eſtant aſſemblez dans un Hameau, où ils avoient accoûtumé de venir faire Vendanges tous les ans, réſolurent de faire parler d’eux dans le voiſinage. Ils concerterent leurs divertiſſemens,

& chercherent sur-tout les moyens de les faire partager à deux aimables Personnes, dont le trop de beauté causoit le malheur. Cette beauté estoit soustenuë de beaucoup debien; & comme on avoit fait déja quelque entreprise pour les enlever, ceux dont elles dépendoient y avoient pourveu, en les enfermant dans un Chasteau dont on ne les laissoit jamais sortir. La prison se pouvoit nommer agreable, à considerer la promenade qui leur estoit

permiſe dans un grand
Parc; mais elle eſtoit telle-
ment priſon à l'égard des
viſites qu'on leur rendoit,
qu'elles n'en pouvoient recevoir aucune qu'à la ma-
niere des Filles Cloiſtrées.
Une Cloiſon grillée ſepa-
roit deux Chambres. Elles
eſtoient dans l'une, on les
entretenoit dans l'autre, &
toûjours en preſence de té-
moins. Jamais Priſonnier
d'Etat ne fut ſi ſoigneuſe-
ment gardé à veuë. Ces
précautions n'alloient pas
juſqu'à les priver de ce qu'il

y a d'innocens plaiſirs. On
ſoufroit qu'on amenaſt
des Violons à leur Grille;
& comme cette ſorte de
divertiſſemens & d'autres
ſemblables leur eſtoient
permis, il n'y avoit perſon-
ne aux environs qui ne
cherchaſt à leur en fournir.
Ce fut par cette raiſon que
la galante Troupe dont je
vous parle, ayant medité
une longue Feſte, n'en
voulut executer le deſſein
que dans ce Chaſteau. Tous
ceux qui la compoſoient
vinrent rendre viſite à ces

deux belles Perſonnes le
matin du Lundy 3. jour
de ce Mois. Les Hommes
eſtoient veſtus partie en
Vendangeurs & partie en
Hoteurs. Il n'y avoit rien
de plus propre que leur
équipage. Les Femmes ne
leur cedoient ny en galan-
terie ny en propreté. Elles
avoient toutes des habits
de Vendangeuſes, avec des
Chapeaux, des Paniers, &
des Serpetes qui ſoûte-
noient admirablement le
Perſonnage qu'elles pre-
noient plaiſir à joüer. Cette
premiere

premiere entreveuë se passa
toute en complimens. Les
belles Cloiſtrées témoigne-
rent beaucoup de joye de
cette viſite, & accorde-
rent avec plaiſir le ren-
dez-vous qu'on leur de-
manda pour l'apreſdinée.
Il fit bruit dans toute la
Nobleſſe des lieux voiſins.
On vint au Chaſteau de
toutes parts. L'Aſſemblée
fut grande, & l'heure qu'on
avoit marquée eſtant ve-
nuë, la meſme Troupe ar-
riva au meſme équipage,
mais ce fut au ſon des Vio-

lons, des Flutes-douces &
des Hautbois. Les Hoteurs
& les Vendangeufes com-
mencerent à faire voir par
une Danfe fort plaifan-
te qu'ils fçavoient autre
chofe que vendanger. Les
Hotes qui fe rencontroient
avec les Paniers, mar-
quoient la cadence, & ils
ne faifoient aucun pas qu'a-
vec la plus exacte juftefse.
Une fort agreable fympho-
nie fuivit la Danfe. Elle
eftoit compofée de fix Violons, de quatre Flutes & de
deux Hautbois. Un Con-

cert de Voix toutes char-
mantes luy succeda. On
chanta plusieurs Chansons
sur la Vendange, & apres
que ce Régal eut duré deux
heures, on le finit par une
nouvelle Danse qui ne di-
vertit pas moins que la premiere. Les belles Recluses
trouverent ce temps si
court, qu'elles ne pûrent
s'empescher de le témoi-
gner ; mais elles furent
fort consolées, quand un
des Vendangeurs les pria
de faire dresser un Theatre
pour une Comédie qu'ils

viendroient reprefenter le lendemain. Ils prirent congé apres cette Annonce (vous voudrez bien me foufrir ce mot) & apres avoir foupé tous enfemble dans le Hameau , ils donnerent un Bal en forme, où tout ce qui fe prefenta d'honneftes Gens fut reçeu.

Le lendemain qui eftoit Mardy , ils tinrent parole fur la Comédie promife. Ils avoient preparé les Fâcheux de feu Moliere. Tous les Perfonnages en eftoient si heureusement disposez, que de veritables Comédiens auroient eu peine à s'en mieux tirer. Vous jugez bien que l'Assemblée fut encor plus grande qu'on ne l'avoit veuë le jour précedent. Les trois Actes eurent chacun divers Instrumens pour les distinguer. Les Violons seuls joüerent d'abord l'ouverture. Apres le premier Acte les Flutes-douces se firent entendre ; les Hautbois apres le second ; une Voix avec un Thuorbe apres le

troisiéme ; & ensuite les
Hautbois & les Flutes-douces se joignirent avec les
Violons pour former en-
semble la symphonie de
l'adieu. On ne le dit aux
Belles qu'apres les avoir
priées d'empescher qu'on
n'abatist le Theatre. C'estoit leur promettre un nou-
veau divertissement pour le
Mercredy. Ce jour estant
venu, on accourut en foule
au Chasteau. La galante
Troupe y representa une
Pastorale avec le mesme
succés qu'elle avoit fait les

Fâcheux le jour précedent.
Les habits des Bergers &
de Bergeres qu'elle avoit
pris rehauſſoient la bonne
mine des Acteurs, comme
ils donnoient un nouvel
éclat à la beauté des Actri-
ces. Une Baccanade fut
promiſe à la meſme heure
pour le Jeudy. On tint parole. L'arrivée de Bacchus
avec ſa Troupe fut annon-
cée de loin, par un grand
bruit de Timbales, de Fifres
& de Trompetes. Bacchus
chanta ſeul d'abord. En
ſuite deux Bacchantes dan-

ferent au son de leurs Tambours de Basque dont elles
joüerent divinement; &
Bacchus ayant recómencé
de chanter, tous ceux de sa
Troupe meslerér leurs voix
avec la sienne, & on ne
peut rien entendre de plus
juste ny de plus melodieux
que fut ce Concert. Pen-
dant qu'il se fit, les Belles
qu'on avoit déja regalées
de trois jours de Feste, firent apporter une Table
sur laquelle il y avoit un
Ambigu tout dressé. Elles
connoissoient l'humeur de

Bacchus, & ayant confenty
à le recevoir, elles croyoient
qu'il y alloit de leur hon-
neur de le faire boire. Toute cette aimable Troupe fe
mit à table. Les Liqueurs
ne luy furent pas épar-
gnées. Ils chanterent tous
le verre à la main, & le di-
vertiffement de cette journée finit par une harmonie
admirable que firent en-
femble les Tymbales, les
Tambours de Bafque, les
Fifres, les Violons, les Flutes-douces & les Hautbois.
On prépara les Belles à fe

laiſſer dire leur Bonne-avan-
ture le lendemain Vendre-
dy, par une Bande d'Egyp-
tiens & d'Egyptiennes, qui
devoient venir accompa-
gnez d'un Opérateur. Vous
jugez bien, Madame, que
ce nouvel équipage fut
tres-galant. On ne peut
rien imaginer de plus
agreable que l'Entrée que
firent ces charmants Pro-
tées qui s'eſtoient faits
Egyptiens & Egyptiennes.
Leur langage n'eſtoit pas
moins divertiſſant que leur
danſe qu'ils diverſifioient

par mille plaifantes poftu-
res. Ils demanderent la
main aux belles Cloiftrées,
en examinerent toutes les
lignes, & leur firent cent
prédictions fpirituelles &
avantageufes fur le change-
ment de fortune qui leur
devoit rendre la liberté. Elles répondirent obligeam-
ment, qu'elles ne fe laffe-
roient jamais de leur pri-
fon, fi elle devoit fouvent
leur attirer des Perfonnes
auffi galantes que celles
qui prenoient tant de foin
d'en adoucir les chagrins.

La conversation eust esté
plus loin sans de grands
éclats de rire que fit l'Af-
semblée. Ils furent causez
par un Opérateur & un Ar-
lequin qui monterent sur le
Theatre. Ils estoient habil-
les tous deux de la maniere
du monde la plus grotes-
que. La Scene qu'ils firent
ensemble n'eut rien que de
réjoüissant. Elle fut meslée
de quantité de tours de Go-
belets, de Gibeciere, & de
Cartes, qui divertirent fort
les Spectateurs. Apres que
l'Opérateur eut joüé quel-

que temps son personnage,
il dit qu'il n'estoit pas seu-
lement le Maistre des Opé-
rateurs, mais aussi Inten-
dant des Poudres & des
Salpestres, & qu'ainsi il
convioit tous ceux qui l'é-
coutoient, de venir admirer
un Feu d'Artifice qui se devoit faire le lendemain au
soir pour prendre congé des
Belles. Jamais journée ne
leur fut plus lógue. Elles se
mirét aux Fenestres de bonne heure, & virent appres-
ter le Feu, en attendant que
la Galante Troupe arrivast.

Elle ne vint qu'apres le
Soupé, dans l'équipage du
premier jour, c'est à dire,
qu'ils estoient tous habillez
en Bergers & en Bergeres.
Le bruit d'une douzaine
de Boëtes qui furent tirées
d'abord, fit cónoiſtre qu'on
alloit allumer le Feu d'Artifice. Il estoit compoſé
avec beaucoup d'ordre, &
donna un fort grand plai-
ſir à tous ceux qui s'estoient
aſſemblez pour joüir de ce
Spectacle. Il finit par un
tres-grand nombre de Fu-
ſées volantes, qui firent un

effet merveilleux en s'éle-
vant, & en se perdant dans
l'air. Apres cet agreable divertissement on s'approcha
des Fenestres pour donner
une Serenade aux deux belles Enfermées. Elle com-
mença par une Chanson
Italienne, qu'un Berger &
une Bergere chanterent ensemble avec le Thuorbe.
Les Violons joüerent en
suite les plus beaux Airs de
l'Opéra. Si-tost qu'ils eurent cessé, les Belles furent
régalées d'une Chanson
Françoise par une seule

Voix admirable. Elle ne charma pas moins l'Assemblée, que tout le Chœur des Bergers & des Bergeres qui se firent entendre apres elle. A ce Concert succeda celuy des Violons, des Flutes-douces & des Hautbois, qui en répondant au bruit des Tymbales, des Fifres, & des Trompetes, terminerent agreablement les plaisirs de cette journée & toutes les Festes des jours precedens.

FIN.

9 782329 624402